AF258818

MÉMOIRES

D'UN

JEUNE NAVIGATEUR;

SE TROUVE A PARIS

Chez
- HÉNÉE, imprimeur, rue St-André-des-Arcs, n.º 2.
- PIGOREAU, libraire, place St-Germain-l'Auxerrois, n.º 28.
- BORNICHE, rue St-Jacques, nº. 33, au coin de celle des Mathurins.

MÉMOIRES

D'UN

JEUNE NAVIGATEUR,

RÉDIGÉS

A la suite du mémorable trajet de la canonnière la *Parisienne*, à St.-Cloud, aux premiers jours d'Octobre de l'année dernière (Vendémiaire an 12).

... entiment ! ô respect des Dieux !
... quelles ressources vous m'offrez ?
... en suis confondue. . . . . .

A PARIS,

DE L'IMPRIMERIE DE M.-J. HÉNÉE.

———

AN Ier DE L'EMPIRE. — 1805.

[illegible]

[illegible]

[illegible]

AVERTISSEMENT.

Ces Mémoires du *Pilotin du Grand - Bonaparte* , rédigés d'abord dans la seule vue d'obtenir une place dans le corps distingué des Matelots de la garde, se sont accrus et ont tiré leur publication de quelques traits recueillis au milieu des chants bruyans de la fête donnée Dimanche d.er (25 frimaire) à Sa Majesté l'Empereur. L'intérêt particulier que l'Auteur a inspiré nous a paru assez piquant pour offrir quelque agréable distraction aux Etrangers curieux qui accourent de toutes les parties de la terre aux lieux de séjour du Héros du siècle.

Cet écrit nous a paru pouvoir être mis encore au rang de ceux destinés à montrer à la Jeunesse que le véritable zèle peut seul quelquefois obtenir des prix, où ne pourraient souvent se promettre d'atteindre l'art et la faveur des plus grandes protections.

MÉMOIRES

D'UN

JEUNE NAVIGATEUR.

Je suis né le jour de saint Joseph de l'année 1777, dans un village du bas Languedoc, la seule habitation bâtie sur cette longue chaîne de collines qui appar-

---

Né le jour de St. Joseph. L'auteur est d'autant plus flatté de pouvoir faire usage d'un tel début qu'il espère que ce trait d'un récit dirigé par la vérité la plus exacte ne sera pas le seul digne d'intéresser en sa faveur l'auguste Impératrice JOSÉPHINE et son altesse le Prince JOSEPH à qui il n'échappera pas que le pays natal de l'auteur est celui qui a eu le bonheur de recueillir les derniers soupirs du chef de l'illustre famille DES BONAPARTE.

tiennent à trois parties du monde , et distribuent les eaux aux deux mers.

Un trait choisi entre le grand nombre de petites circonstances qui se sont partagé mes premières années fera juger que je n'étais pas le moins doué de ce germe perçant et de cette facilité qu'on accorde aux habitans de ces pays , à qui ils tiennent souvent lieu d'instruction, dans des montagnes où l'instruction est si rare. Un jour, à l'âge de douze ans, ayant été dans une petite ville des Pyrénées , quelqu'un prit tant de goût à une de mes lectures que, le soir même , ayant été présenté à un de ces cercles nombreux des beaux jours de 89, je me souviens que j'y obtins une sorte de triomphe et les embrassemens d'une foule de personnes de tout âge et de tout sexe, surpris de cette facilité et de l'aisance avec lesquelles je traduisais, en langage du pays, des journaux inintelligibles à la plupart des habitans.

Peu d'années après, ayant eu le bon-heur d'obtenir l'estime de la famille de M. l'abbé Sicard, directeur des sourds-muets, je fis tout-à-coup un grand pas en faveur de mon instruction; je dois à l'amitié d'un neveu de cet instituteur célèbre le peu de notions que j'ai des sciences exactes; les sentimens de piété et de reconnaissance qui se développent à cet âge, l'amour et l'enthousiasme dont le JEUNE CONQUÉRANT D'ITALIE commençait à réchauffer les cœurs; enfin, la lecture des fictions enchanteresses de Télémaque (1) et de tant d'au-

---

(1) Les enfans et les jeunes gens, si curieux de saisir les traits de ressemblance de différentes histoires, peuvent s'exercer sur celle-ci, qui leur offrira plus de rapprochemens avec ce roman enchanteur de Télémaque que peut-être aucune autre relation de voyages. Pour cela il faut, ainsi qu'on en est convenu, suppo-ser que l'immortel Fénélon, écrivant pour son

*

tres ouvrages, dont peut-être je ne pouvais pas encore trop saisir le véritable esprit, achevèrent de me faire entièrement céder au besoin de voir des hommes et des pays nouveaux.

Ce fut dans le courant de l'an 6 que je m'embarquai sur une frégate du Hâvre-de-Grâce, nommée *la Républicaine*, commandée par le lieutenant de vaisseau Lebozec. Cette frégate, dont la tâche paraissait bornée à une croisière sur les côtes de France et d'Espagne, était destinée à des expéditions lointaines. Après avoir mouillé à une des Canaries (l'île de Palme), nous allâmes attaquer les établissemens anglais des côtes occidentales d'Afrique. Le tems où nous pénétrions dans ces rivières et ces forts de la côte d'Or, étaient

siècle, entendait parler des mers d'entre le nouveau et l'ancien monde.

ceux où les Français arboraient leur pavillon dans les eaux du Nil et sur les forts d'Alexandrie. Nous traitâmes, avant notre départ de ce pays, de quelques captifs malheureux qui nous avaient été surpris, et pour lesquels nous rendîmes en échange deux fils d'un des rois du pays (je crois que c'est de Juda, c'était par les 4 deg. nord), à qui nous rendîmes encore plus de huit à neuf cents esclaves noirs, fruit de plusieurs combats avec des vaisseaux anglais, où on les tenait renfermés ; delà, nous allâmes de relâche à Monte-Vidéo, un des ports de *Rio de la Plata*, en la province de Buenos-ayres.

A *Monte-Vidéo*, je fis, entr'autres, la connaissance d'un vieux prétre catalan, *el Padre don Joseph*, qui, dès l'enfance, avait passé les monts pour venir dans mon pays natal; il est pasteur d'une église au ruisseau de Miquelet, seul endroit cultivé au milieu de tant d'éternels

déserts, où des naturels du pays dissé-
minés veillent, de loin en loin, sur d'in-
nombrables troupeaux de bœufs sau-
vages, parmi lesquels j'allais souvent
égarer mes pensées, après avoir quelque
tems demeuré avec cet homme incomparable, et avoir appris de sa bouche le
majestueux langage de l'Araucana. En-
trevoyant, au milieu de ces pays abon-
dants, le moyen d'acquérir des ressources capables de soulager un jour une
famille pauvre et accablée de ses infortunes, je résolus de remonter le fleuve
immense jusque vers l'Assomption, capitale du Paraguai et le Pérou, dont je me
faisais les idées les plus romanesques ;
mais pendant le trajet, ayant été reconnu
étranger par les agens du gouvernement espagnol, pour la première fois,
je me vis constitué prisonnier. Mon
exil, semblable à celui de beaucoup
d'autres étrangers surpris pour le même
délit, est assez rémarquable. Nous étions

dans une sorte de fort servant de dépôt à tous les attirails de la marine et à environ deux mille Indiens des *missions*, que les besoins de la guerre avaient forcé de requérir dans les ports, pour le service des travaux publics...

Je demeurai dans cet état de captivité, jusqu'à l'arrivée du navire le *Grand Bonaparte* de Bordeaux ; c'était le seul navire de guerre qui, après la *Républicaine*, eût, depuis plusieurs années, pénétré dans ces pays éloignés. Le capitaine, M. Carbonel, me fit son ami, et me donna, à son bord la place de *Pilotin*, la meilleure qu'on pût donner à un jeune homme qui n'avait encore acquis que la simple théorie de la navigation : il nous est arrivé, en nous en retournant, de nous trouver atteints par le calme, au milieu d'un convoi de 300 voiles ennemies. En deçà des Açores, ce fut pire, un léger éclaircissement de brouillards nous fit découvrir que nous étions sous le vent d'une division anglaise qui nous chassa, pendant près de quatorze heures, vers les côtes d'Espagne. Le vaisseau anglais, *l'Infatigable*, tirà inutilement sur nous plus de cent coups de canon (1). Enfin la terre fidèle ouvrit ses bras à l'arche sacrée ; nous voguions sous d'heureuses influences ; c'était en septembre (fructidor an 7), époque où la frégate *la Justice*, rapportant d'Egypte le Génie tutélaire de la France, approchait de ces rivages ; car, je me souviens que ce fut très — peu de jours après qu'au bonheur de notre délivrance succéda celui que produisit dans tous les cœurs le retour de Bonaparte.

---

(1) Ce vaisseau, le meilleur voilier de l'Europe, et si célèbre par les dégats qu'il a causés à notre commerce et aux vaisseaux armés en course, n'a pourtant pu éviter d'être pris, quelque tems après, et conduit dans nos ports.

II.ᵉ VOYAGE.

A BORDEAUX, inquiet et cha-
grin, j'appris avec désespoir que ma
pauvre province était en proie à la
guerre civile ; et ce malheur, joint à
celui de n'oser faire un pas sans être
compris dans les réquisitions des troupes
qu'on y envoyait, réquisitions que d'ailleurs le mauvais gouvernement de ces
tems rendaient si odieuses et si effrayan-
tes, fit que je me décidai à continuer le
service sur mer. Mon nouvel embar-
quement eut lieu sur le transport le
Trompeur; ce vaisseau ne démentait ni
son nom ni son origine (1) : c'était bien
le cheval fatal. Nous levâmes l'ancre du
mouillage de l'île d'Aix, la nuit du 21

____

(1) Il avait été construit dans un chantier
anglais.

au 22 brumaire, jour où nous avions appris la nouvelle de l'élévation du moderne Baléazar, au rang des chefs des nations. Au travers du cap Finistère, nous éprouvâmes un mauvais tems, à la suite duquel nous perdîmes de vue la frégate *la Bergère*, qui nous escortait, en portant à sa destination le gouverneur de Cayenne. Ce mauvais tems devint une tempête affreuse, au milieu de laquelle un matelot danois, s'étant trompé sur les chiffres de la sonde qu'on jette dans le bassin de la pompe, le cri fut que nous étions perdus, au milieu de l'océan Atlantique, où il est si rare à deux bâtimens de se rencontrer ; nous en vîmes un grand nombre auxquels notre aspect rendait toute la frayeur que le leur nous inpirait. En arrivant aux Antilles, à la pointe du jour, à l'instant que nous apperçûmes les terres de le *Désirade*; un vaisseau anglais de 74 canons, nommé l'*Invincible*, nous fit prisonniers, il nous conduisit à la Martinique, la première de ces îles où nous apportâmes l'heureuse nouvelle du retour du Héros, et de son consulat.

Ici, je néglige les détails d'une foule d'infortunes et de désastres inouis, les plus grands que j'aie éprouvés de ma vie, tels que ceux que j'ai reçus sur une frégate nommée l'*Unité* (1), qui me surprit au milieu de la baie de la Martinique, où je me sauvai à la nage; les prisonniers ne m'avaient pas laissé longtems ignorer que le ciel compatissant avait ménagé, dans ce point central de la domination des Anglais au nouveau monde, des âmes indulgentes (2) et magnanimes, auprès de qui l'annonce verbale et les preuves authentiques des grandes nouvel-

---

(1) C'est une ancienne frégate française, qui a pour armes deux colombes.

(2) La famille de Sa Majesté l'Impératrice est à la Martinique.

les que j'apportais, m'eussent obtenu
plus même que le pardon de ma
fuite ; j'ai été traité avec tant de bar-
barie sur cette frégate où l'on voulait ,
à toutes forces , me faire consentir à des
engagemens avilissans, que du milieu
des fers où l'on me contraignait ,
dans le voisinage des terres, la vue
déserte et sauvage des bruyères de
l'isthme de Panama, moins affreuses que
le séjour cruel de persécution où le sort
m'avait jeté, me firent répandre des larmes de regret ; j'en pourrais dire autant
des îles de Tortole. Cette frégate m'avait
pris, repris, ou sauvé trois fois du milieu des flots où je m'échappais.

Après huit à neuf mois de cruelles
épreuves, dont je sortis triomphant,
je fus, avec plusieurs de mes malheureux compagnons, reconduit à bord de
l'*Invincible*, chargé d'escorter en Angleterre un convoi de 300 voiles ; ce convoi se formait de vaisseaux qui, au bruit

de

de notre artillerie et à l'aspect de nos signaux, sortaient en grouppes nombreux des cent ports des îles du golfe du Mexique ; c'était pour la troisième fois que je parcourais de près ces Antilles, que tout me fit juger si délicieuses; mais où je n'eus pas le bonheur de mettre le pied. Au milieu des brouillards froids qui couvrent sans cesse les environs des îles de Terre-Neuve, le capitaine d'une croisière anglaise, qui nous apperçut, vint avec l'œil de la consternation, annoncer au Commodore la circonstance mémorable de la bataille de Marengo, dont le bruit remplissait toute l'Europe. Cette nouvelle, qui affligeait les Anglais, fortifia nos cœurs dans les tristes adieux, qu'en passant dans les mers du Nord, la plupart d'entre nous firent pour jamais aux rivages chéris de notre patrie. Peu après nous avoir remis dans les affreuses prisons de Chatam, ce vaisseau superbe, l'*Invincible*, qui semblait menacer l'océan même, se brisa sur les bancs d'Yarmouth, et il ne se sauva guères, de son nombreux équipage, qu'un des pilotes et quelques mariniers qui, à Londres, ainsi que je l'ai lu moi-même dans leur procès, prouvèrent que tous les moyens humains n'auraient pu prévenir ce naufrage.

Le ciel avait voulu, qu'à l'exemple de beaucoup de mes compagnons tremblans à l'aspect de l'abîme où ils allaient être plongés, j'eusse, pendant ma traversée, vendu, différentes fois, partie de ma ration de prisonnier (plus forte sur les vaisseaux que dans les prisons), aux matelots de l'équipage anglais, avides de boissons, et regorgeant d'argent, qui nous satisfaisaient avec la plus grande générosité ; et ce fruit de mes épargnes, joint à quelques pièces que j'avais sauvées du milieu des flots agités de Tortole, aida aux faibles moyens d'existence qu'on nous laissait, dans des lieux malheureux, où le mauvais air et la faim sur-tout nous rendaient tels qu'on nous eût pris pour des habitans tombés d'une autre planette. Malgré ces ressources, combien de fois cependant, désespérant de remettre le pied dans ma patrie, de consoler un père chéri, une famille désolée, et d'en jamais recevoir des nouvelles, j'ai été ému à l'aspect d'une nourriture insuffisante et grossière, qui conservait en moi un reste de vie que les objets de mes affections me rendaient si précieuse ; une leçon que j'ai reçue dans les deux ou trois premiers jours où je descendis dans ces prisons aquatiques donnera occasion d'offrir une faible idée du désespoir qui y régnait.

J'étais assis dans les profondeurs humides d'un ponton où le jour ne pénétrait que par quelques lucarnes grillées, élevées peut-être d'un demi-pied au-dessus du niveau ou de la flottaison des eaux. Cherchant, parmi tant d'indifférens (1), à m'étourdir sur un esclavage qui me paraissait devenir de plus en plus si affreux, je m'adressai à un jeune homme d'une taille gigantesque et d'une figure très-caractérisée, qui me parut plus pensif que ses autres compagnons. Il m'apprit que, soldat au régiment de Pondichéri, il avait été fait prisonnier dans l'Inde, lors de la prise de cette place. Après diverses stations en différentes parties du monde, il avait été conduit à Chatam, où il était arrivé depuis quatre ou cinq mois, avec quelques-uns de ses camarades, reste de ce malheureux corps, en me disant qu'il n'avait pris de subsistance depuis plusieurs fois vingt-quatre heures ; je lui don-

─────────────

(1) *Indifférens !* Car il eût été ridicule de voir quelqu'un qui aurait eu l'air de demander des secours à ceux qui pouvaient avoir quelques moyens.

nai quelque argent, et remportai l'idée que là, où toute ressource de travail était interdite (1), les prisonniers ajoutaient au crime inoui du gouvernement Anglais, en trafiquant entre eux d'une nourriture insuffisante. Les malheureux qui n'avaient point de ressources de leurs familles, les jeunes gens inconsidérés et les enfans qui n'avaient su ménager, ou qui avaient épuisé ce qu'ils avaient pu sauver de leur ancienne existence, poussés tous par le désespoir, abandonnaient pour un repas complet, souvent à des sangsues, la plupart étrangers et voraces, leurs rations à échoir, de

---

(1) La paille est à-peu-près la seule chose qui puisse être ouvré dans des prisons, où des outils en fer seraient dangereux. Hé bien ! la paille était interdite ; les soldats qui en introduisaient étaient châtiés. On disait que cette défense avait été provoquée par quelques artisans chefs de fabriques de chapeaux.

plusieurs jours, d'une semaine ou d'un mois, pendant lesquels ils s'étaient condamnés à périr d'inanition. Heureux s'ils ne trompaient pas l'avidité de leur coupable créancier en expirant avant qu'il eût pu recueillir un héritage de sang !

L'idée que me donna cet infortuné ne se borna point à la froide instruction de ces choses qui mettaient jour et nuit ces malheureux aux prises, les uns des autres ; il devait encore être le premier à m'en montrer l'horreur. En effet, il ne parut guères encore que le lendemain ou le sur-lendemain matin au plus ; personne, que j'aie su ne connaissait ses noires résolutions ; et ses besoins ; pour le moment, n'étaient pas grands. Quelques regards qu'il jetta sur moi, je m'en souviens, étaient ceux de la reconnaissance ; il attendait un moment de liberté, il l'eut. Il n'était plus ! le cordon fatal avait éteint en lui les restes d'une vie languisante. Inanimé, froid, il fut emporté à la demeure des morts.

La pitié et l'horreur que m'inspiraient à-la-fois ces évènemens journellement renouvelés , en pénétrant mon cœur, étaient le sujet de mes réflexions et les causes qui me tenaient lieu d'un talent que je savais bien ne pas avoir ; je n'en conçus pas moins le projet de les mettre en scène ; j'y trouvais, et pour moi-même et pour des malheureux dont j'étais le consolateur, de salutaires distractions. J'y mêlais des maximes qui servaient à adoucir les mœurs et le désespoir de tant d'hommes que le regret d'une vie souffrante, qu'ils voyaient s'échapper, rendait bourreaux et victimes, les uns des autres.

Je demeurai huit à neuf mois dans ces affreuses prisons flottantes, où nous avait remis l'*Invincible*. Celle où j'étais détenu était les restes défigurés du Wreet (*la Liberté*) , vaisseau si fatal à l'amiral Dewinter. Le bruit courut que c'était par crainte de descente , qu'on nous en sortait. Il y avait près de deux ans que je n'avais mis le pied à terre ; nous suivîmes, la plupart nu-pieds , la longue rue de Rochester , sur une hauteur d'où nos yeux pouvaient distinguer quelques clochers de Londres. Nous apperçûmes , à une extrême profondeur, la Tamise, qui, à mes yeux , ne répondit point à l'idée gigantesque que je m'en étais faite ; on eût dit un tranquille canal coulant au milieu d'un pays très-ordinaire et très-peu pittoresque. Nous traversâmes cette rivière à Gravesend , où je crus ne voir que peu de bâtimens ; nous allions à Normand-cross.

Un complot de désertion , trop tôt découvert, nous attira, de la part des soldats, plus de cent coups de fusils, qui firent sauter en éclats beaucoup de plan-

ches de la grange où nous étions renfermés. Le peuple des villages et des villes
me parut d'une ingénuité singulière et
d'un physique très-médiocre. Je remar-
quai nombre de faibles adolescens, de
jeunes filles, et enfin beaucoup de vieil-
lards accablés par l'âge et les infirmités.
La grande route de Londres à Edim-
bourg, que nous joignîmes, est extrê-
mement large et semble un vaste champ
à travers les bois. Ainsi nous arrivâmes
à Normand-cross, où je continuai à
éclairer et soulager, de mon mieux, les
malheureux auxquels j'étais associé,
jusqu'à l'heureuse paix qui me ramena,
encore une fois, dans ma patrie, sous les
auspices et par les bienfaits de BONA-
PARTE.

III.ᶜ VOYAGE.

Mᴀ sortie des prisons avait été enregistrée aux bureaux de la marine, le 18 floréal an 10, et sur ma demande de rester à Paris, son excellence m'accorda (15 prairial an 10) une permission illimitée.

J'avais rapporté du milieu des mers, où, parmi mes compagnons, j'avais toujours passé pour un penseur extrême, des idées relatives à la domination maritime. Ces idées que, livré à moi-même, j'avais cru utiles contre l'Angleterre, au cas où une descente serait jugée trop périlleuse ou impraticable, jointes à d'autres qu'aujourd'hui surtout je ne voudrais point traiter d'idées superstitieuses, avaient laissé dans mon cœur un fond

de grandes espérances qui avait beaucoup augmenté le plaisir d'arriver par
l'effet des plus heureuses circonstances, à Paris, ce terme tant désiré de
mes vœux voyageurs.

Un jeune homme ne saurait être mieux
recommandé, tant pour ses idées, que
pour la nature et le degré des vrais sentimens du cœur, qu'au bienfaisant abbé
Sicard, instituteur des sourds-muets.

M. l'abbé Sicard, attendri du degré de
force que ces informes productions d'une
imagination ardente, avaient donné
au besoin naturel d'obtenir un regard de
Bonaparte, et de l'espoir que j'avais
conçu qu'elles feraient plus en faveur
des chers objets de mes affections, que
mes trajets aux Indes, m'encouragea à
rectifier et à cultiver des dispositions natu-
relles, en m'offrant les secours puissans
de son crédit et de ses rares connaissan-
ces. Qui mieux que lui pouvait, en me

rappelant aussi les faveurs d'une Providence qui m'avait retiré des flots courroucés de Tortole et de tant d'autres dangers, m'exhorter à mettre en elle ma confiance ?

Avant le récit de cette nouvelle relation que j'entreprends, je dois rendre grâces à cette Providence toute-puissante, qui ne manqua jamais de donner leur récompense à ceux dont le mérite sans éclat ne peut être apprécié par les hommes.

Les premiers jours d'octobre de l'année dernière (1), étant, par un hasard étrange, descendu jusqu'aux bords de la Seine, je fus surpris de la foule qui entrait et sortait du chantier des Invalides ; je ne fus pas longtems à apprendre que la cause en était dans le départ

____

(1) On peut voir dans les Journaux des 13 et 14 vendémiaire an 12 , la relation de cette journée ou de ce voyage du premier Consul.

des

des deux chaloupes, *la Parisienne* et une autre, dont le premier Consul, qui s'en retournait à St.-Cloud, avait voulu faire l'essai, malgré le tems des basses-eaux, qui à peine pouvaient lui laisser l'espoir de faire quelques pas dans la rivière.

Il doublait pourtant en ce moment la pointe du Champ-de-Mars. Arrivé au-dessous de la pompe-à-feu du Gros-Caillou, où le bord de la Seine ne permet qu'avec difficulté, le passage d'une personne, je ralentis ma course, par déférence pour un professeur d'armes avec qui j'étais ; mais sachant de sa bouche qu'il ne se sentait pas la force de poursuivre les deux bâtimens jusqu'au débarquement de St.-Cloud, je pris secrètement mon parti, et m'ouvrant une issue à travers les sentiers détournés, qui, dans un long espace, coupent les bords du fleuve, je le perdis de vue. Je courais abandonné à toute l'impétuosité

3

de mes désirs, quand une remarque qui
d'abord ne se faisait que faiblement sen-
tir, m'arrêta tout-à-coup. La chaloupe
qui portait le premier Consul venait de se
ralentir, et la crainte que ce ralentisse-
ment lui eût déplu fit que tout-à-coup,
je ne ressentis pas beaucoup de plaisir
d'une circonstance qui me devenait si
avantageuse. J'avais pourtant déjà quitté
mes souliers et mon habit pour en pro-
fiter, m'appercevant à peine, dans le
trouble où j'étais, qu'à la sollicitation
d'un élève de l'Ecole Polytechnique, un
petit bateau touchait le rivage. Cherchant
grâce aussitôt dans les yeux des bate-
liers, je m'y élançai, et déjà je me li-
vrais (1) à tout l'enthousiasme qu'inspire

(1) Ce n'est pas un Parisien, dira-t-on, ac-
coutumé à ne voir que des êtres extraordinai-
res, qui doit éprouver un aussi grand éton-
nement à l'aspect des Grands Hommes et des
Rois. L'affection des Parisiens pour leur Prin-

la présence de cet Être extraordinaire,
de ce Héros victorieux , aux heureux en-

---

ce, faisait la surprise des étrangers , alors
même qu'on en sentait si peu le prix. Un trait
que je puis citer entre mille faits historiques,
fera demander ce qu'aujourd'hui un Français
tel que celui dont nous allons parler, n'eût
pas dit du Roi que le ciel et la reconnaissance
viennent de proclamer au milieu de cette capitale de l'Univers, où récemment il vient de
recueillir tant de suffrages. Ce trait est ren-
fermé dans un fragment, qui est ce qu'on a
trouvé de plus vrai et de moins ridicule dans
la peinture d'un jeune habitant de cette ville,
connu sous le nom de *Voyageur à St.-Cloud ,*
édition de 1754, pag. 12.

« La première fois que je vis le Roi, ce
» fut un jour de congé, au Petit-Cours, où
» il passait en allant à Compiègne. Je n'avais
» pas plus de dix ans pour lors ; cependant à
» sa vue, je me sentis intérieurement ému
» de certain sentiment de respect que lui seul
» peut inspirer, et que personne ne saurait
» définir. Je trouvais tant de plaisir à le con-
» sidérer, qu'après l'avoir vu bien à mon aise

*

fans d'un siècle dont il est la gloire et le consolateur.

La chaloupe étant trop chargée, il fallait l'alléger, selon le désir qu'il en témoigna au ministre de la marine et au célèbre capitaine Lacroix ; nous descendîmes d'abord une compagnie de grenadiers à terre ; ensuite ayant repris

----

» dans un endroit, je courais vite à un autre
» pour le revoir encore : de sorte que j'eus la
» satisfaction de le voir sept fois ce jour-là ,
» et je crois que je le verrais tous les jours
» avec le même empressement. Je me sou-
» viens bien que je fus moins ébloui de la
» magnificence de sa nombreuse suite, que
» frappé des rayons majestueux qui partaient
» de son auguste front. Sur le bruit de ses
» exploits militaires, je le comparais aux Cé-
» sar et aux Alexandre : au récit de son goût
» et de sa protection pour les arts, je lui trou-
» vai toutes les qualités d'Auguste ; et enfin,
» j'ai toujours depuis, conservé pour Sa Ma-
» jesté, une vénération si parfaite, que je sens
» bien que rien ne pourra jamais l'altérer. »

le large, dans un choc qu'à notre arrivée notre bateau éprouva spontanément de nombreuses embarcations qui entouraient la canonnière, je sautai furtivement dans un autre, où je me trouvai seul avec deux ou trois matelots, qui d'abord ne savaient point que je leur apportais la fortune. Ici, la chaloupe rendue à flot, ayant fui à toutes voiles, le sort voulut que nous nous trouvassions au premier rang des embarcations ; il s'agissait de conserver cette prééminence. Dans des occasions ordinaires, où les cerveaux sont bien moins exaltés, la concurrence établit de longs combats, les *Troyens* l'emportaient ; mais sitôt que je m'en apperçus, enflammé, je saisis la première chose venue, et ce fut une large pêle ou *escoupe*, laquelle offrant une forte résistance à l'eau, fit qu'avec l'expérience que j'avais, je ne contribuai pas peu à nous acquérir une supériorité absolue ;

nous étions seuls entraînés par le courant, et je me souviens que j'étais distrait du recueillement que je cherchais, par les ris et les regards de mes compagnons victorieux, quand tout-à-coup mes oreilles furent frappées des cris jetés vers nous dans l'éloignement : *à bord ! à bord !* et que j'apperçus à terre les voitures.

C'était le premier Consul, qui, mêlant à ses promenades l'image de ses campagnes militaires, voulait se rendre, par la voie la plus courte, et nous faisait appeler pour le descendre au rivage. Bientôt nous rangeâmes en effet la chaloupe, le courant nous y entraînait, et nous étions tellement des premiers, que nous précédâmes, de quelques instans, la foule de bateaux qui, depuis Paris, couvraient la rivière, et qui s'accumulèrent. Cet endroit de la rivière où nous étions est le Hameau, ou *Glacières* du Hameau, nommé le *Point-du-jour* ;

point de séparation des trois routes de St.-Cloud, Versailles et Paris. Cet endroit, si célèbre par la quantité de neiges (1) que l'art y amoncèle, depuis

---

(1) Ces glacières, remplies de neiges, sont sur la hauteur où est le grand chemin, et où est bâti le village. Avant qu'on ait atteint l'extrémité de cette hauteur, les yeux sont frappés par la vue d'une maison isolée, qui a tout l'air d'un vieux monastère. Il ne serait pas étonnant qu'un jour, en récompense des égards rendus au Vainqueur de Marengo, on vit descendre dans ce lieu charmant une colonie du couvent du Mont-St.-Bernard, à laquelle on concéderait quelques terreins et des priviléges sur des glacières. Comme le jour mémorable dont nous parlons était le jour de la fête du Fondateur des Chartreux, cette communauté pourrait tirer parti de cette circonstance, et s'abstenant, pour une telle considération, de suivre la règle de cet ordre, obtenir, pour augmentation à son revenu, le droit de pêche de l'arrondissement.

Toutes ces idées, qu'on peut rectifier, nous

longtems, pour les délices de la cour et de la capitale, montre la vue la plus étendue, la plus diversifiée, et celle,

---

sont suggérées par l'intérêt qu'inspirent les bons habitans de ce petit village naissant. Obligés, avec leurs enfans, dans les tems affreux d'hiver, à le laisser désert pour aller à la messe dans les petites villes environnantes. « L'idée me prend, dit un jour une bonne » mère de famille, dont plusieurs enfans sont » défenseurs de la patrie, en attendant que le » Ciel nous donne sa bénédiction, de disposer » quelques appartemens, sur le modèle de ceux » que le premier Consul occupait au couvent » du Mont-St.-Bernard ; au besoin, ils ne » seraient pas dédaignés de leurs Altesses Im- » périales et de Sa Majesté l'Impératrice, qui » a son bon petit village du Point-du-Jour ; » le seul qu'elle traverse, est encore à une » distance assez considérable de Paris et de St.- » Cloud. Elle a tant de crédit auprès de notre » St. Père le Pape, que ce soin ne saurait » manquer de nous fonder ici une petite église, » et de sonner, au passage de l'Auguste Sou- » veraine, les cloches du hameau....... »

au monde, qui offre à l'œil le plus de magnificence. Paris, dans un point de vue
de plusieurs lieues, se déploie majes-
tueusement sur les deux bords de la
Seine; les Champ-Élysées, le Champ-
de - Mars remplissent une partie des
plaines où nous étions, et lesquelles
renferment aussi plus de cent villages,
qui, ailleurs que dans la banlieue de la
capitale du premier Empire de l'Univers, seraient des cités vastes et popu-
leuses. Les parcs de Meudon, Boulo-
gne et St.-Cloud, perdus eux-mêmes
dans d'immenses forêts, achèvent ce
qui reste à combler des vallées, et à
l'exception de ces orgueilleuses tours
impériales qui se perdent dans les nues;
les cèdres de ces parcs, tour-à-tour,
cachent et découvrent un nombre infini
de magnifiques châteaux et de maisons
de campagne qui se réfléchissent dans
tous les points de l'horison.

J'ai dit que les cris d'un concours nombreux accouru dans les embarcations augmentaient l'intérêt de cette scène incomparable où je touchais, et dans laquelle mon émotion était extrême. Des Dames d'abord (les premières personnes qui descendirent) s'en vinrent vers la proue, où j'étais avec les matelots ; je me déplaçais, tenant encore en main cette sorte de rame, instrument de ma victoire, que, sans guères y penser, je laissais traîner dans l'eau. Ces Personnes Augustes, dont la physionomie peignait avec tant d'expression le sentiment de la maternité, paraissaient fatiguées et étaient toutes tremblantes des secousses que produisait, sur le bateau, la chute de ceux qui descendaient. Un marin est tout à son bord (1),

----

(1) La prudence des lois a voulu qu'en marine, le plus haut grade commande l'em-

dit-on, relativement aux personnes de terre ; quant à moi, la seule réponse que j'osai faire aux regards inquiets de ces Personnes Augustes fut de leur désirer un Duquesne, qui leur offrît un bras d'appui ; il l'eût offert aux princesses Borghèse et Murat, et à l'auguste Impératrice. Bonaparte, aujourd'hui notre auguste Souverain, vint aussi se placer devant moi ; et comme pour empêcher que, par une crainte respectueuse, j'évitasse de rester entre les Princesses et ce Héros, le Ciel voulut que tout ce qui restait d'espace de ce petit canapus, se remplît précipitamment de toutes les personnes de la suite.

---

barcation où il se trouve, en dépit même des armateurs ; delà ces expressions *à son bord.* Il y avait sur le manuscrit pilotin du *Grand-Bonaparte.* Je devais arborer *flammes* ; Ici, je n'eûs manqué de rubans, etc.

L'honneur d'avoir reçu le baptême des mains du vieillard aux cheveux blancs, en passant l'Equateur pour aller publier la gloire du nom Français et de Bonaparte au royaume des Incas, dans le nouveau monde ; celui d'avoir été des premiers à apporter, à ce même nouveau monde, la grande nouvelle de l'élévation du Héros au rang des chefs des nations. L'honneur d'avoir, sur les sables brûlans d'Afrique, contribué à arracher des mains des Anglais des milliers d'esclaves infortunés, enfin, le grade de pilotin du Grand-Bonaparte, qu'en fructidor an 7, tems où la *Justice* revenait d'Égypte, j'avais aidé à préserver des mains de ces insulaires, étaient sans doute de bien faibles titres, auprès de l'honneur d'être seul étranger mêlé avec cette foule de Héros, modernes Argonautes ; mais des titres que, malgré mon peu de succès dans la manifes-

tation

tation de mes sentimens, j'eusse con-
testés à tout homme, quel qu'il fût, si
des hommes pouvaient avoir de si hautes
prétentions, seraient ceux que me don-
nait le suprême bonheur d'être confondu
avec la famille de Bonaparte, de laquelle
mon cœur s'était si souvent nourri jusqu'aux larmes.

On s'entretint d'abord de la dextérité
particulière avec laquelle quelques matelots manœuvraient la canonière, pendant que partie de leurs compagnons,
consternés, tristement appuyés sur leurs
rames, voyaient notre départ avec des
yeux de regret. Quelqu'un rappela que
des bas-fonds et des sables avaient occa-
sionné, dans la baie de Malte, des
désagrémens semblables à ceux qu'on
avait éprouvés dans la Seine. Le premier Consul répondait à tout cela par
des signes de ressouvenir ou d'appro-
bation plus ou moins sensibles. L'in-
convenance et le défaut démontré à

celle époque sur – tout des idées et des prétentions vaines que j'avais apportées des prisons, le défaut d'un mérite réel pour avoir un grade dans la marine, et encore plus le manque de capacité et d'expérience pour le remplir, faisaient que, dans ces courts instans qui allaient s'échapper, je me voyais réduit à me taire, ce qui me coûtait beaucoup ; ou en voulant prendre ma part de ces entretiens, je m'exposais à ne pouvoir entièrement répondre à l'espérance du premier Consul de trouver en moi quelqu'un qui eût des titres fondés à sa générosité ; il était à présumer que son attention se fixerait davantage sur les paroles d'un jeune étranger que le sort jetait auprès de lui que sur celles des ministres ou des généraux qui sont toujours auprès de sa personne. La chose arriva comme j'aurais dû le prévoir. En effet, à la remarque qu'il fit en regardant le long du bord que dans l'endroit de la rivière où nous étions, il n'y avait pas beaucoup d'eau ; ayant osé ajouter ces mots : *Il y en a bien plus à la mer. Eh ?* me répondit sur-le-champ le Héros, sorti de cet état pensif et silencieux qui fait le fond habituel de son caractère, et se retournant de mon côté, d'un air doux et séduisant. La simplicité de cette parole exprimée avec intérêt sur une observation claire et précise, prouve cependant qu'il n'avait pas bien distingué (1) ma

----

(1) Les princesses, dont de mes habits je touchais les robes, avaient mieux entendu que Sa Majesté l'Empereur, et une d'entre-elles, attribuant sans doute mon silence à ma timidité, ouvrit la bouche pour ramener des entretiens interrompus. On jugera, par la réponse de Sa Majesté, que cette auguste personne (peut-être la bonne Impératrice) ne pouvait provoquer rien de plus favorable aux demandes que peut former un jeune Marin. Je rappelerai, avec d'autant plus de plaisir, cette réponse faite à propos de la contenance

voix, ce qui était inévitable, vu le bruit des rames et les cris d'attente d'un peuple nombreux répandu sur le rivage, ou accourant en foule des villages voisins. Je fus d'autant plus content de pouvoir mettre à profit ce petit incident, qui me servait intérieurement d'excuse, que le repentir des paroles que j'avais dites, m'était venu sur les lèvres, en les prononçant. A une époque où il s'agissait tant de descentes, ces paroles pouvaient passer pour une inconsidération à laquelle, forcé de parler, je n'aurais pu qu'en

---

gracieuse que conservait, dans un autre bateau de passage, une des dames de la suite, qu'aucun trait de notre histoire ne m'a paru mieux caractériser le Guerrier Français : *Oui, j'en ferai mon petit mousse, je le mettrai au haut du mât* ; à la suite de quoi, levant la tête comme pour regarder la cime d'un mât, dans l'intervalle de deux ou trois secondes, LE HÉROS répéta en riant : *au haut du mât !*

ajouter d'autres, que toute l'indulgence de Sa Majesté n'eût pu rendre supportables.

Personne au monde n'a pourtant désiré mieux que moi se faire pardonner cette indiscrétion. Grâces à une Providence qui peut changer en or pur les métaux les plus grossiers, et opérer les plus grandes métamorphoses, je puis, en ces jours de loisirs et de fêtes, au récit de quelques aventures un peu curieuses, ajouter des traits assez piquans pour oser me présenter de nouveau sur le passage du Héros, suivre la foule nombreuse qui jette des fleurs devant lui, et lui adresser avec la confiance qu'il inspire, les paroles suivantes :

A SA MAJESTÉ

L'EMPEREUR des FRANÇAIS.

SIRE,

Celui qui ose se dire l'ami tendre du jeune *Petit - Thouars*, et à qui votre magnanimité et la faveur du Ciel permirent d'être votre heureux compagnon de voyage osera vous rappeler que l'esprit de l'observation qu'il prit la liberté de faire sur votre remarque, était moins pour vous disposer à écouter des idées contraires aux projets de descente, que pour vous faire part de quelques rêves légèrement fondés sur de semblables idées. Puissent ces rêves apporter aujourd'hui quelque distraction aux grands

travaux qui remplissent tous les mo-
mens de Votre Majesté!

Un jour, au milieu des mers profon-
des, où le Ciel a voulu que je fusse
porté, je songeais à la puissance démé-
surée de l'Angleterre : La mer, me di-
sais-je avec effroi, étant, eu égard aux
progrès de l'art, la seule école où l'on
puisse former des hommes habiles à en
disputer la possession, c'en est fait à jamais de son usage pour nous et le reste
des nations continentales. Quand me
vint cette idée, qu'heureusement, pour
la dignité du Continent, la Baltique,
la Mer-Noire, et autres mers fermées
et impénétrables pouvaient, au besoin,
être d'une précieuse ressource pour pro-
curer à ce Continent les défenseurs habiles que mon esprit lui cherchait avec
tant d'inquiétude.

Delà cette autre idée, qui n'est pas
ans intérêt, que l'ordre de Malte,

originairement instituté contre les pira-
tes, investi de toutes les forces des
nations, fût rétabli sur l'île de Zeeland
(où est bâti l'immense port de Copen-
hague), clef de la Baltique, mer *fer-
mée* et dont les bords sont d'ailleurs si
abondans en bois de construction, en
agrés ; et où l'on pourrait exercer avec
succès les équipages.

Enfin, cette autre idée qui, en rem-
plissant le même objet, eût réalisé les
vœux si louables du célèbre abbé de
Saint-Pierre, cette idée, dis-je, que
votre génie, profond en ses combinai-
sons, et votre bras invincible pouvaient
seuls m'encourager à concevoir, que la
partie du Continent d'Europe, renfer-
mée entre ces deux mers fermées, et
qui offre une grande presqu'île, ne
formât qu'un seul Empire : L'EMPIRE
DE BONAPARTE.

Ces idées, image du désordre profond où j'étais quand je les ai conçues, sont, il est vrai, aussi vaines que l'espoir de corriger, dans les prisons, des maux dont le défaut radical de subsistances était le principe; mais, comme cette espérance flatteuse, elles enfantèrent des rêves, et donnèrent lieu à des occupations qui ne furent pas sans quelque bien; et qu'ainsi que je me suis permis de vous le dire, aujourd'hui surtout, Votre Majesté ne dédaignera point; parce qu'en lui faisant connaître les vœux libres de tant d'hommes plusieurs fois victimes de la désastreuse succession des divers systêmes de gouvernement essayés en France, ils lui donneront, dans leur caractère d'originalité, quelque agréable réminiscence.

La principale de ces occupations qui fit le seul charme de quelques années de ma vie (j'ai resté trente-trois mois prisonnier), était fondée sur une erreur accréditée parmi des marins et des soldats revenus d'Egypte, qui avaient pris pour le fils d'un Héros, celui qui seulement eut droit à sa tendresse et à ses larmes : *le jeune Petit-Thouars*. Cet enfant, à qui, dans cette supposition, je n'aurais su donner à imiter, avant son règne de plus grandes actions que celles de son père, et que, pour satisfaire aux besoins de mon cœur, j'avais supposé sauvé de la bataille d'Aboukir, par le *St-Esprit*, qui lui servait de mentor sous la figure de l'amiral *Bruix*, après avoir, à la suite de plusieurs aventures, vaincu, à son arrivée sur la côte d'Angleterre, une louve affreuse, l'effroi des troupeaux et la terreur des habitans, entrait dans les prisons, où d'abord il foulait aux pieds le démon de l'anarchie et de la confusion, en attendant que son union avec la jeune princesse Joséphine, cimentant l'accord des deux puissances, complètât le bonheur des infortunés prisonniers.

Si quelqu'un éprouva le bienfait de cette allégorie (à laquelle nous dûmes en effet tous deux la conservation de la vie), ce fut moi surtout et le jeune dessinateur (1), dont le pinceau délicat, en peignant ce mariage insigne pour la célébration de la fête des préliminaires de paix, obtint de grands éloges de la part même de nos jaloux rivaux. Persuadé que Votre Majesté, pour qui mon admiration et mon désir de la servir ont toujours été en croissant depuis

---

(1) Ce jeune homme est fils d'un peintre du Louvre, nommé Mouchet. Le bruit de ce tableau s'étant répandu, le lord Odtif, gouverneur des prisons, le fit demander. L'auteur et le peintre, qu'il avait appelés pour lui en faire d'amples explications, furent récompensés. C'est là le motif qui fait dire que cette allégorie leur sauva la vie à *tous deux* : le fruit de cette gratification ayant servi à les alimenter pendant les six mois qui s'écoulèrent entre les préliminaires et le traité définitif.

cette époque, n'y sera point indiffé-
rente. Je finis par une explication de ce
tableau, dont elle a peut-être conservé
quelque souvenir, lui ayant été adressé
en prairial an 10.

~~~~~~~~~~~~~~~~~~~~~~~~~

La Scène est sur les Alpes, à l'ombre de lauriers, à travers lesquels perce l'olive. Tous les Princes de l'Europe y sont à leurs rangs. La Cour Céleste est assemblée dans les airs.

~~~~~~~~~

I.re PARTIE.

Mariage sous les auspices de la Di-
vinité et du Peuple, d'Henri - Léopold
Bonaparte (1), avec Josephine Paulo-

---

(1) On ignorait le nom de baptême de cet
enfant, ainsi que celui du premier Consul ; le

witz, Princesse issue du sang anglais;
Souverains de la presqu'île Europe et des
Nations. (*Ces lignes étaient au bas
du tableau, et on y lisait à la suite*):
Dont l'union a été définitivement con-
clue à Amiens.

Echo universel des prisons.
Décembre 1801.

II.ᵉ PARTIE.

Hommages.

Le fils de Guillaume Tell offrant la
pomme, symbole du pouvoir souverain
et universel.

Guillaume Tell offrant, de ses
mains vertueuses et libres, ses armes

---

nom de Léopold, qu'on trouva sur un Calen-
drier, fut choisi par l'auteur, parce que c'est
celui d'un Prince Autrichien déjà âgé, né la
veille de l'Assomption de la Vierge, ou la
veille du jour de la naissance de Sa Majesté
l'Empereur.

à l'invincible NAPOLÉON, qui assure à ce vieillard que la cause du peuple lui est pour jamais sacrée ; pendant que, d'autre côté, ce Héros calme l'inquiétude d'une Reine éplorée, en donnant à l'objet de sa sollicitude, un baiser, gage de sa protection.

Les filles de Guillaume Tell, ou les Suisses Bernoises, apportant dans un bassin les clefs de la Suisse ou de la Terre.

Le Roi de Prusse faisant hommage d'un aigle, symbole de l'Empire d'Occident ; le Grand - Seigneur apportant une chouette, armes de l'antique Grèce, province de l'Empire d'Orient, et complément de la presqu'île continentale EUROPE.

———

III.ᵉ PARTIE.

EFFETS DE L'UNION.

Dans un lointain, l'Éternité fixant

l'instant de l'union force la Discorde à incendier de ses torches les prisons affreuses ; ce qui, en délivrant les victimes du malheur, cause une surprise et une joie universelle parmi une foule de peuple et de prisonniers mêlés et répandus dans la campagne.